사라진 나라, 사라지지 않는 영웅

스푼북은 마음부른 책을 만듭니다. 맛있게 읽자, 스푼북!

김유신과 계백
사라진 나라,
사라지지 않는 영웅

개정판 1쇄 발행 2017년 04월 15일
개정판 8쇄 발행 2023년 02월 01일

글 서지원 | 그림 조윤주

ⓒ 2016 서지원
ISBN 979-11-9601-026-3 73910

* 저작권법에 의하여 한국 내에서 보호를 받는 저작물이므로 무단 전재와 무단 복제를 금합니다.
* 이 도서의 국립중앙도서관 출판시도서목록(CIP)은 e-CIP홈페이지(http://www.nl.go.kr/ecip)와
  국가자료공동목록시스템(http://www.nl.go.kr/kolisnet)에서 이용하실 수 있습니다.(CIP제어번호 : CIP2017005817)
* 책값은 뒤표지에 있습니다.

발행처 주식회사 스푼북 | **발행인** 박상희 | **출판신고** 2016년 11월 15일 제2017-000267호
제조국 대한민국 | **주소** (03993) 서울시 마포구 월드컵북로 6길 88-7 ky21빌딩 2층
전화 02-6357-0050(편집) 02-6357-0051(마케팅)
팩스 02-6357-0052 | **전자우편** book@spoonbook.co.kr
*10세 이상 어린이 제품

제품명 사라진 나라, 사라지지 않는 영웅	**제조자명** 주식회사 스푼북	**제조국명** 대한민국
전화번호 02-6357-0050		⚠ 주 의
주소 (03993) 서울시 마포구 월드컵북로 6길 88-7 ky21빌딩 2층		아이들이 모서리에 다치지
제조년월 2023년 02월 01일	**사용연령** 10세 이상	않게 주의하세요.
※ KC마크는 이 제품이 공통안전기준에 적합하였음을 의미합니다.		

김유신과 계백

사라진 나라, 사라지지 않는 영웅

서지원 글·조윤주 그림

스푼북

작가의 말

660년 어느 날, 한 소년이 홀로 칼을 휘두르며 수많은 적들이 있는 곳으로 달려갔어요. 소년의 용기는 대단했지만 많은 적들에게 에워싸여 꼼짝없이 붙잡히고 말았지요. 소년은 적의 장군 앞에 끌려갔어요. 장군은 소년을 가상히 여겨 말했어요.

"신라군은 소년조차 이렇게 용맹한데 다른 병사들은 어떠하겠는가?"

장군은 소년을 살려 보내 주었어요. 하지만 살아서 돌아간 소년은 다시 칼을 휘두르며 적진으로 달려갔어요. 적의 장군은 할 수 없이 소년을 죽일 수밖에 없었지요.

소년은 신라의 화랑이었던 관창, 적의 장군은 백제의 계백 장군이에요. 신라와 백제의 운명이 걸렸던 황산벌 전투에서 생긴 일이지요.

오늘날 충청남도 논산 근처인 황산벌에서 신라의 5만 대군과 백제의 5천 결사대가 목숨을 걸고 싸웠어요. 백제는 수가 적어 훨씬 불리했지만, 네 번 전투를 해서 네 번 모두 승리했어요. 5천 명이 5만 명과 싸워서 이긴다는 것은 기적 같은 일이었지요. 그만큼 백제군을 이끄는 계백 장군은 용맹하고 지혜로웠어요.

　계속되는 신라군의 패배를 보고 관창은 두려움을 무릅쓰고 용기를 내어서 백제군의 진영으로 나아갔어요. 위기에 처한 김유신 장군은 관창의 이야기를 널리 퍼뜨렸지요. 소년이 죽은 것을 본 신라군은 분노해서 백제군을 향해서 진격했고, 끝도 없이 밀려드는 신라군에게 백제군은 지고 말았어요. 그로부터 얼마 뒤 백제는 멸망하고 역사 속에서 사라졌지요.

　오래전 일이지만 백제의 멸망과 신라의 삼국 통일에서 우리는 많은 것을 배울 수 있어요. 나라와 백성을 위하는 마음, 꿈을 이루기 위해서 고난과 역경을 이겨 내는 마음가짐을요.

　'역사는 되풀이된다' '역사는 모든 것을, 미래까지도 가르쳐 준다'라는 말이 있어요. 과거를 거울로 삼아서 현재의 교훈을 얻을 수 있다는 뜻이지요. 역사를 알아야 하는 이유는 우리가 살아온 길이 그곳에 있기 때문이에요. 역사가 없다면, 현재도 없고 미래도 없으니까요. 이 동화를 읽으며 역사를 되짚어 보고, 우리의 현재와 미래를 생각해 보세요.

서지원

차례

첫 만남 …… 8

끝없는 전투 …… 21

왕의 자격 …… 36

신라와 당나라의 연합 …… 48

결연한 결심 ······ 64

황산벌 전투 ······ 77

마침내 이룬 꿈 ······ 89

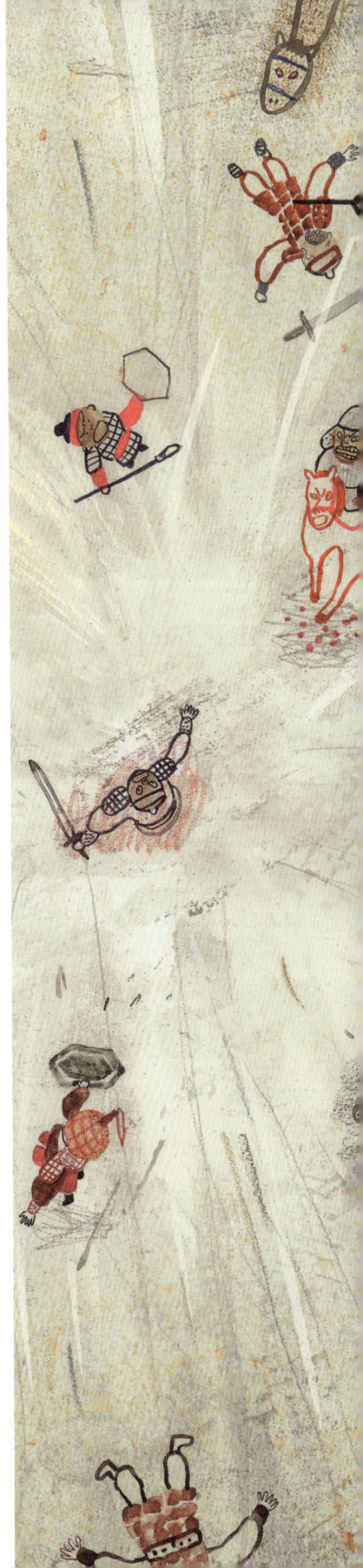

첫 만남

8월이 되자 불볕더위는 갈수록 심해졌다. 햇볕은 마치 땅으로 내리꽂히는 불화살 같았다. 가만히 서 있기만 해도 이글거리는 열기 때문에 숨이 턱턱 막히는 느낌이었다.
'이런 날은 바람이라도 시원하게 불면 좋으련만…….'
김유신의 간절한 마음에도 바람은 불지 않았다.
뜨거운 햇볕을 맞으며 서 있는 신라 병사들은 등줄기에서 땀이 쭉쭉 흘러내렸다. 어찌나 더운지 땀 때문에 손이 축축해져서 쥐고 있는 창이 자꾸 미끄러졌다.
"아, 시원한 물 한 모금만 마셨으면!"
"난 잠깐이라도 좋으니까 그늘에서 쉬었으면 좋겠어."

병사들이 입맛을 쩝 다시며 말했다.

김유신은 병사들이 주고받는 이야기를 가만히 엿들었다. 장군인 김유신이 옆에서 자신들의 말을 듣고 있는 줄도 모르고, 병사들은 어서 빨리 집으로 돌아가고 싶다며 이야기를 늘어놓았다.

'그래, 하루빨리 집으로 돌아가고 싶은 마음이 오죽할까.'

병사들이 백제의 가잠성을 공격한 지도 벌써 넉 달이 되어 갔다.

처음에 신라 병사들은 금방 전투를 끝내고 고향으로 돌아갈 수 있을 거라고 생각했다. 김유신 장군의 실력이라면 눈 깜짝할 사이에 가잠성을 정복할 수 있을 거라고 생각했기 때문이다. 하지만 가잠성을 지키는 백제 병사들은 보일 듯하면서 보이지 않았고, 잡힐 듯하면서 잡히지 않았다.

백제 병사들은 신라 병사들이 예상하지 못할 때 갑자기 나타나서 공격했다. 신라군이 정신을 차리고 반격하려고 하면 생쥐처럼 약삭빠르게 어디로인가 쏙 숨어 버렸다. 쉽게 끝나리라 생각했던 전투는 계속되었다.

지친 신라 병사들은 더는 못 싸우겠다며 볼멘소리를 했다.

"장군, 마실 물과 먹을 양식이 모두 동이 났습니다."

"병사들이 더는 버틸 수 없을 것 같습니다."

김유신을 찾아온 부하 장수들은 차라리 공격을 포기하고 신라로 돌아가자고 했다. 하지만 김유신은 좀처럼 후퇴를 결심할 수 없었다. 이곳에서 물러선다면 삼국 통일의 꿈이 또다시 멀어지기 때문

이었다.

'하루라도 빨리 가잠성을 함락시켜야 한다. 그것이 삼국 통일에 다가갈 수 있는 길이야.'

김유신은 전쟁이 길어지면 길어질수록 백성들의 고통도 커질 수밖에 없다고 생각했다. 삼국 통일을 해야만 계속되는 전쟁을 끝낼 수 있었다. 백성들의 고통을 덜어 주기 위해서라도 이곳에서 후퇴할 수는 없었다.

김유신은 계속해서 어떻게 하면 가잠성을 함락시킬 수 있을지 고민했다.

"장군, 큰일 났습니다!"
병사 하나가 급히 달려와서 소리쳤다.
"무슨 일인데 그리 호들갑이냐?"
"지금 백제의 군사들이 대야성으로 쳐들어왔답니다!"
"뭐라고?"
김유신의 눈이 휘둥그레졌다.
대야성은 신라와 백제의 국경이 맞닿는 곳에 있어서 군사적으로 매우 중요했다.

"대야성의 상황이 어떠하다더냐?"

"그것이……."

병사는 우물쭈물하다가 말을 이었다.

"백제의 군사들에게 성을 빼앗겼다고 합니다. 그곳을 지키던 김품석 도독이 백제군과 제대로 싸워 보지도 않고 항복해 버렸습니다."

"그럴 수가!"

김유신은 주먹을 꽉 움켜쥐었다.

대야성을 빼앗겼다는 것은 적들에게 신라로 들어오는 문을 활짝 열어 주는 것이나 다름없었다.

'아, 내가 가잠성에서 전투를 하느라 발이 묶여 있지만 않았더라면…….'

김유신은 원망스러운 눈으로 가잠성을 노려보았다. 그 순간, 어떤 생각이 김유신의 머리를 번뜩 스쳐 갔다.

'어쩌면 이 모든 것이 가잠성을 지키고 있는 백제 장수의 계략일지도 몰라.'

만약 김유신이 가잠성을 포기하고 신라로 돌아갔다면 대야성을 이렇게 쉽게 빼앗기지는 않았을 것이다. 신라군이 몇 달 동안 가잠성을 무너뜨리지 못해서 발이 묶여 있는 바람에 김유신은 대야성이 공격당한지도 몰랐다.

'그래, 가잠성의 장수는 처음부터 우리와 싸울 마음이 없었던 거야. 우리 발목을 붙잡아 두는 게 목적이었던 거지!'

김유신은 가잠성을 지키는 장수가 누군지 궁금해졌다.
"가잠성을 지키는 백제의 장수가 누구라고 하더냐?"
"예, 계백이라는 자입니다."
"계백?"
김유신은 고개를 갸웃거렸다. 처음 들어 보는 이름이었기 때문이다.
"장군, 이럴 시간이 없습니다. 서둘러 돌아가서 신라를 지켜야 합니다."
"그래, 병사들에게 당장 돌아간다고 알려라."
김유신은 신라군을 이끌고 서둘러 가잠성을 떠났다.

한편, 그사이 신라의 대야성은 불바다로 변해 있었다. 백제의 병사들이 대야성 곳곳에 불을 질렀기 때문이다.
"항, 항복하면 목숨은 살려 준다고 하지 않았소!"
백제군의 포로가 된 김품석은 새파랗게 질린 얼굴로 소리쳤다. 백제 장수 윤충은 코웃음을 치며 대답했다.
"비겁하게 성을 버리고 목숨을 구걸하는 장수를 어떻게 용서하겠는가."
"하지만……."
윤충은 망설이지 않고 김품석을 향해서 칼을 휘둘렀다.
"백제의 병사들이여! 백성을 버리고 도망치는 신라의 병사들은 모조리 잡아라! 무기와 곡식도 불태워 버려라!"

대야성은 신라의 수도로 가는 길목에 있었기 때문에 이를 잃은 것은 신라에게 커다란 위기였다. 그 뒤 신라는 기세가 오른 백제군에게 연달아 패하며 많은 성을 빼앗겼다. 신라군의 사기는 꺾일 대로 꺾였다.
　　신라의 상황이 나날이 어려워지자 신라의 벼슬아치 김춘추는 두 주먹을 불끈 쥐며 분노했다.
　　"백제가 신라의 땅을 짓밟는 것을 더 이상 두고 볼 수만은 없다."
　　김춘추는 무슨 수를 써서든 백제에게 빼앗긴 땅을 찾겠다고 결심했다. 더군다나 대야성에서 죽은 사람들 가운데에는 김춘추가 사랑하던 딸과 사위가 있었기 때문에 가만히 있을 수는 없었다.
　　김춘추는 신라의 앞날에 대해서 함께 고민하는 사이인 김유신을 찾아가 고구려의 힘을 빌려서라도 백제를 공격해야 한다고 말했다.
　　"고구려는 우리의 적입니다!"
　　김유신이 깜짝 놀라서 말했다.
　　"백제의 적이기도 합니다. 힘을 합쳐서 백제를 칠 좋은 기회이니 도와 달라고 제안을 하면 됩니다."
　　"위험한 방법입니다."
　　김유신이 말렸지만 김춘추는 결심을 꺾지 않고 고구려로 떠날 준비를 했다.
　　"만약 내가 두 달이 지나도 돌아오지 않거든 무슨 일이 생긴 것으로 아십시오."

김춘추는 망설임 없이 고구려를 향해서 떠났다.

당시 고구려는 큰 변화를 맞이한 상황이었다. 장군인 연개소문이 영류왕을 죽이고 그의 조카를 보장왕으로 세웠기 때문이었다. 그래서 실질적으로 권력을 쥐고 있는 것은 연개소문이었고, 보장왕은 허수아비나 다름없는 왕이었다.

김춘추는 보장왕의 처지를 이용해서 고구려 군사를 빌릴 작정이었다.

'보장왕에게 더는 허수아비 왕이 아니라는 것을 보여 줄 때라고 하면 군사를 빌려 줄 거야.'

그러나 보장왕은 김춘추의 뜻대로 호락호락하게 움직이지 않았다. 처음에는 김춘추의 말을 잘 듣는 척하였지만, 이내 속마음을 드러냈다.

"고구려의 힘을 빌리고 싶다면, 신라가 빼앗아 간 고구려의 영토를 내놓으시오."

"폐하, 그것은 제가 혼자 결정할 수 있는 일이 아니옵니다."

김춘추의 말에도 보장왕은 물러서지 않았다. 김춘추가 고구려의 영토를 돌려주겠다는 약속을 하지 않자, 보장왕은 그를 감옥에 가두어 버렸다.

"나를 죽인다면 고구려는 신라와도 전쟁을 해야 할 것입니다!"

김춘추가 소리쳤지만, 보장왕은 코웃음을 쳤다.

"나는 신라와의 전쟁 따위는 두렵지 않소."

"그럴 수가……."

"신라가 공격을 해 온다면 고구려는 백제와 힘을 합쳐서 신라를 무너뜨릴 것이오."

사실 보장왕에게 이렇게 협상을 진행하라고 시킨 것은 연개소문이었다. 연개소문은 협상으로 잃어버렸던 땅도 되찾고 백제도 공격할 계획이었던 것이다.

'내가 고구려를 너무 만만하게 보았구나!'

김춘추는 고구려의 군사를 빌리려고 무작정 서두른 자신의 행동이 어리석었다는 것을 깨달았다.

김춘추는 감옥 벽에 기대어 눈을 감고 생각했다.

'대체 신라의 앞날은 어찌 된단 말인가!'

바람 앞의 등불처럼 위태로운 신라의 앞날을 생각하자 깊은 한숨이 터져 나왔다.

그때, 고구려의 벼슬아치인 선도해가 김춘추를 찾아왔다.

"나를 죽이러 온 것인가?"

김춘추가 묻자 선도해는 뜻밖의 말을 꺼냈다.

"하하, 아닙니다. 저는 그저 옛날이야기나 하나 해 드릴까 해서 왔습니다."

"옛날이야기라고?"

선도해는 이야기를 시작했다.

"옛날에 동해의 용왕이 병을 얻어 앓아누웠는데, 의원이 토끼의 간을 먹으면 씻은 듯이 나을 것이라고 했습니다. 용왕은 신하들에게 토끼의 간을 구해 오라고 명령했습니다. 하지만 물속에 사는

신하들이 무슨 수로 물 밖에 사는 토끼의 간을 구하겠습니까. 모두 망설이기만 했지요."

선도해가 한 이야기는 '별주부전'으로, 김춘추도 잘 알고 있는 이야기였다.

'저 사람이 내게 이런 이야기를 하는 까닭이 무엇일까?'

김춘추는 잠자코 선도해의 이야기를 들었다.

"그때 자라가 용왕 앞에 나섰습니다. 자신은 육지에서도 살 수

있으니 토끼를 잡아 올 수 있다고 했습니다. 용왕은 자라에게 토끼의 간을 구해 오면 큰 상을 내리겠다고 약속했습니다."

선도해의 이야기를 듣던 김춘추는 곰곰이 생각에 빠졌다.

'자라는 육지로 가서 토끼를 만나 달콤한 말로 꾀어서 토끼를 용궁으로 데려가지. 용왕 앞에 끌려가서 죽을 위기에 처한 토끼는 살려 달라고 애원하다…… 옳거니, 바로 그것이로구나!'

김춘추가 무릎을 탁 쳤다.

"제가 왜 이 이야기를 들려 드리는지 아시겠습니까?"
선도해가 물었다.
"토끼는 용왕에게 간을 육지에 숨겨 두고 왔으니 도로 가져오겠다고 거짓말을 하고는 다시 육지로 돌아가지. 내게 토끼처럼 거짓말을 하라는 뜻인가?"
"우선 신라로 돌아가셔야 하지 않겠습니까."
선도해가 의미를 알 수 없는 웃음을 띠고 대답했다.
김춘추는 곧장 보장왕에게 신라로 돌려보내 주면, 고구려가 빼앗긴 땅을 돌려준다는 약속을 받아 오겠다고 했다. 보장왕은 김춘추의 말을 곧이곧대로 믿고 그를 풀어 주었다. 덕분에 김춘추는 무사히 신라로 돌아올 수 있었다.

끝없는 전투

"이렇게 살아오신 것만으로도 다행입니다!"
김유신은 무사히 신라로 돌아온 김춘추의 손을 맞잡고 기뻐했다. 하지만 김춘추는 마냥 기뻐할 수가 없었다.
"다시 백제에게 빼앗긴 땅을 되찾을 방법을 생각해야 합니다. 이대로 백제의 세력이 커지는 것을 두고 볼 수만은 없지 않겠습니까."
김춘추는 분한 마음을 곱씹으며 말했다.
"저도 마음 같아서는 당장이라도 백제를 공격하고 싶지만, 상황이 더욱 나빠졌습니다."
"그게 무슨 뜻입니까?"

김유신은 쓸쓸한 표정을 지으며 까닭을 설명했다.

김춘추가 신라로 돌아간 뒤, 보장왕은 자신이 속았다는 것을 깨달았다. 고구려와 신라의 관계가 틀어졌다는 것을 알게 된 백제는 재빨리 고구려로 사신을 보내어 당분간 서로 전쟁을 하지 않기로 약속했다.

"휴, 내가 고구려로 간 것이 오히려 역효과를 불러일으켰군."

김춘추는 주먹을 움켜쥐며 괴로워했다.

"게다가 백제가 당나라에 사신을 보냈다는 소식도 들리고 있습니다."

"당나라에까지요?"

신라는 당나라와 좋은 관계를 유지하고 있었다. 필요한 것들의 대부분을 당나라와의 교역으로 얻고 있었기 때문이다. 그런데 백제가 나서서 당나라와 신라의 관계를 끊으려고 하는 것이었다.

"백제가 우리의 손발을 꽁꽁 묶고 있습니다."

"대체 이 일을 어쩌면 좋단 말인가!"

김춘추는 신라의 상황이 나날이 어려워지는 것을 느꼈다.

얼마 뒤 김유신과 김춘추가 걱정했던 일이 벌어지고 말았다. 백제의 의자왕이 직접 군사를 이끌고 신라의 당항성을 공격한 것이다. 당항성은 신라에서 당나라로 가는 중요한 길목이었다.

"백제, 이놈들……!"

김유신은 바람에 펄럭이는 백제군의 깃발을 힘껏 노려보았다.

'이대로 간다면 우리 자손들은 계속 고통스러운 전쟁을 해야 할 것이다. 무슨 수를 써서든 전쟁을 끝내야만 한다. 반드시 백제를 물리쳐야만 해!'

김유신은 당나라의 힘을 빌려서라도 백제를 쳐부숴야 한다고 생각했다.

다른 나라의 힘을 빌려서 전쟁을 한다는 것은 위험한 일이었다. 만약 당나라의 군대가 신라 땅으로 들어와서 백제를 물리치고 신라를 차지하려고 한다면 다시 전쟁이 벌어지리라는 것은 불 보듯 뻔한 일이었기 때문이다. 하지만 김유신은 그 어떤 대가를 치르더라도 백제와의 전쟁부터 끝내야 한다고 생각했다.

"당나라에 군사를 요청하는 사신을 보내는 것이 좋겠습니다."

당나라는 신라의 요청을 받고 군사를 보내 주겠다고 했다. 그 소식을 들은 백제는 서둘러 후퇴했다. 덕분에 신라는 당항성을 지킬 수 있었다.

"일단 한고비 넘겼지만, 백제가 또 언제 쳐들어올지 모르니까 이대로 안심할 수는 없습니다."

김유신은 먼저 백제를 공격해야 한다고 주장했다. 하지만 반복되는 전쟁에 지친 다른 신하들은 백제가 물러갔으니 더는 싸울 필요가 없다고 생각했다.

"김유신 장군의 말이 맞소. 공격당하기만을 기다릴 수는 없소."

김춘추는 김유신의 말에 동의했고, 신라는 백제를 먼저 공격했다.

"장군! 우리가 빼앗은 성을 백제에게 도로 빼앗기고 말았습니다!"

"방금 우리가 백제의 성을 다시 빼앗았습니다!"

"장군! 백제가 우리 성을 세 곳이나 빼앗았다고 합니다!"

신라와 백제는 서로의 경비가 조금만 허술해지면, 그 틈을 타서 전투를 벌였다. 어떤 날은 신라가 백제의 성을 빼앗았고, 또 어떤 날은 백제가 신라의 성을 빼앗았다.

전쟁은 수년 동안 계속되었다. 전쟁이 그토록 길어지리라는 것은 누구도 예상치 못했던 일이었다. 신라와 백제의 힘은 서로 우위를 가릴 수 없을 만큼 비슷했기 때문에, 승패는 쉽게 결정나지 않았다.

어느 날, 김유신은 우연히 우물에 비친 자신의 모습을 보고 놀랐다. 머리카락은 하얗게 세었고, 칼을 움켜쥔 손에는 주름이 가득했다.

'전쟁터에서 수십 년을 지내는 동안 어느새 내가 노인이 되어 버렸구나.'

김유신은 자신의 모습을 물끄러미 바라보며 넋두리를 했다.

"그토록 오랜 시간을 싸웠는데, 겨우 신라가 잃어버린 서쪽 지역 일부를 되찾은 게 전부라니……."

"장군, 무슨 말씀을 그렇게 하십니까. 장군 덕분에 백제가 더 이상 세력을 키우지 못했습니다."

"맞습니다. 장군이 아니었다면 지금쯤 신라는 지도에서 사라졌을지도 모릅니다. 그러니 조금만 더 힘을 내십시오."

김유신의 부하 장수들이 응원하듯 말했다. 김유신은 늠름한 장수들을 바라보며 낮은 목소리로 말했다.

"내가 지쳐서 하는 말이 아니다. 오랜 전쟁으로 인해서 병사들이 지친 것이 걱정스러워서 하는 말이다. 집으로 돌아가지 못한 지 벌써 수년이 지났다. 나도 이렇게 가족이 그리운데, 병사들은 오죽할까."

"아!"

장수들은 말없이 고개를 끄덕였다.

김유신과 장수들이 감상에 젖어 있을 새도 없이 백제가 매리포성을 공격했다는 소식이 들렸다.

"뭐라고?"

매리포성 역시 신라에게 군사적으로 아주 중요한 곳이었다. 그곳을 빼앗기면 그 일대의 다른 성도 잃을 가능성이 높았기 때문이다.

"서둘러 매리포성으로 가자!"

김유신은 말 머리를 돌려서 매리포성이 있는 국경으로 향했다.

신라군이 얼마나 갔을까. 김유신의 눈에 아주 낯익은 마을 풍경이 보였다. 그곳은 김유신의 가족들이 사는 고향이었다.

'아, 내 고향 마을은 아직도 그대로구나!'

김유신은 말을 천천히 달리며 마을 이곳저곳을 살펴보았다.

우물가, 빨래터, 어렸을 때 장난치고 놀던 느티나무……. 마을은 모든 것이 그대로였다. 저 멀리에 자신의 집도 보였다. 김유신은 당장 집으로 뛰어가서 가족들을 보고 싶었다. 그리운 아내의 얼굴이 눈앞에 선했다.

"장군, 댁에 잠깐 들리시겠습니까?"

김유신의 마음을 짐작한 장수들이 물었다. 하지만 김유신은 대꾸도 하지 않고 말을 재촉했다.

"이랴!"

김유신의 말이 빠른 속도로 달려가기 시작했다.

그리운 집이 점점 더 멀어졌지만, 김유신은 속도를 늦추지 않았다.

"장군, 어찌하여 고향을 그리 빨리 지나가십니까? 잠깐 들러서 안부라도 나누시지요."

장수들의 말에 김유신은 고개를 가로저었다.

"만약 내가 집으로 들어가서 가족들을 만난다면 다른 병사들의 마음은 어떠하겠느냐? 고향과 가족들이 보고 싶어도 속으로 눈물을 참아야만 할 것이 아니겠느냐."

"아!"

"서둘러 가자. 더 이상 이곳에서 시간을 지체할 수 없다."

"장군, 장군은 이 나라의 장수이기 이전에 한 집안의 가장이기도 하십니다. 가족들에게 안부는 전해야 하지 않겠습니까."

장수들이 거듭 말하자 김유신은 한 병사에게 일러 마을에서 물을 떠 오라고 시켰다. 병사가 물 한 바가지를 떠 오자 김유신은 벌컥벌컥 들이마셨다.

"카, 내 고향의 물맛 역시 그대로이구나. 물맛이 여전히 달콤한 것을 보니 다른 것도 변함없을 것이다. 가자, 이 물맛을 지키려면 우리가 싸워서 고향을 지켜 내야 하지 않겠느냐."

김유신의 말을 들은 장수와 병사들은 울음을 터트리고 말았다. 가족을 보고 싶은 마음은 모두 같았지만 꾹 참아야만 했다. 김유신은 병사들의 마음을 어르고 달래서 매리포성으로 갔다.

"모두 힘을 내서 싸우자! 꼭 이겨서 고향으로 돌아가 가족을 만나자!"

김유신은 칼을 휘두르며 말했다. 신라 병사들은 우레와 같은 함성을 지르며 백제군을 향해 달려갔다.

"와아아아!"

"적을 무찌르자!"

오랜 싸움에 지쳐 있던 백제군은 각오를 다지고 몰려오는 신라군의 공격을 미처 막아 내지 못하고 우수수 나가 떨어졌다. 신라군은 매리포성을 지켜 냈다.

이 전투로 인해서 백제는 기세가 한풀 꺾였다. 백제의 병사들은 김유신이라는 이름만 들어도 벌벌 떨며 달아날 정도였다.

'이 기회에 병사들의 힘을 최대한 모아서 백제를 공격해야 해!'

김유신은 백제와의 기나긴 전쟁을 끝내야 할 때가 됐다고 생각했다. 그러나 신라의 사정은 어지러웠다.

"소문 들었어? 여자가 왕이 되면 나라가 망할 거라는 예언이 있었대."

"이제 신라는 끝이군. 백제에게 먹히거나 고구려에게 무너지고 말겠지."

"나도 들었어. 여자가 왕이 되면 전쟁에서 질 것이라더군."

신라의 벼슬아치였던 비담과 염종은 나라에 뒤숭숭한 소문을 냈다. 선덕 여왕을 왕위에서 내쫓고 자신들이 권력을 잡기 위해서였다. 소문 때문에 백성들의 마음은 불안해졌다.

그런 와중에 신라에 유성이 떨어졌다. 천문학에 대해서 잘 알지 못했던 백성들은 유성이 떨어진 일을 무척 불길한 징조라고만 여겼다.

"장군, 이 일을 어쩌면 좋습니까?"

"백성들은 유성이 떨어진 것이 신라가 곧 멸망할 뜻이라며 두려워하고 있습니다."

불안에 떠는 것은 백성들뿐만이 아니었다. 전쟁터에 있는 병사들도 불길한 일이 생길 것이라며 벌벌 떨었다. 그 모습을 본 김유신은 장수들에게 명령을 내렸다.

"불을 붙인 허수아비를 연에 실어서 하늘로 띄우도록 하여라."

장수들은 김유신의 명령대로 불붙은 허수아비를 하늘 높이 띄웠다. 멀리서 보면 그 모습은 마치 이글이글 타오르는 불덩이가 하늘로 올라가는 것 같았다.

"자, 이제 떨어진 별이 다시 하늘로 올라갔다고 소문을 내어라."

별이 하늘로 올라갔다는 소문을 들은 백성들은 신라의 운명이 다시 밝아질 것이라고 생각했다.

"그래, 우리가 호락호락 당하지 않는다는 징조야!"

"하늘이 우리 신라를 굽어살피고 있다는 뜻이지."

김유신이 생각해 낸 꾀로 신라 백성들의 어수선한 마음을 진정시킬 수 있었다. 하지만 그 와중에 선덕 여왕이 죽음을 맞이했다. 선덕 여왕에게는 자식이 없었고, 왕이 될 수 있는 신분을 갖춘 사람은 사촌 동생인 승만 공주뿐이었다. 그래서 승만 공주가 진덕 여왕이 되었다.

갑자기 생긴 일들로 혼란스러운 상황에서 김유신과 김춘추는 신라를 지키기 힘들다고 생각했다. 김춘추는 당나라에 가서 신라와의 동맹을 제안했다. 당나라는 고구려와의 싸움에서 진 적이 있어서 고구려를 눈엣가시처럼 여기고 있었다. 김춘추는 당나라가 군사를 빌려준다면 후일 당나라가 고구려와 싸울 때 당나라를 돕겠다고 했다.

당나라는 신라의 제안을 수락했고, 648년에 나당 연합이 형성됐다. 중요한 동맹을 성사시킨 김춘추는 신라에서 굳건하게 자신의 세력을 굳힐 수 있었다.

왕의 자격

계속되는 전쟁으로 인해서 신라는 나라 안팎으로 혼란스러워졌다. 여자가 왕이 되었다고 무시하는 사람들이 늘어났기 때문이다. 선덕 여왕이 신라를 다스릴 때에는 당나라에서 사신이 찾아와 다른 왕을 보내 주겠다며 깔보는 일이 있었을 정도였다.

진덕 여왕이 즉위하자 이웃 나라들은 계속해서 신라를 우습게 여겼다. 틈만 나면 신라를 공격해서 신라의 국경 지역은 늘 불안하기 그지없었다.

나라 밖은 물론이고, 나라 안 사정도 어수선하기는 마찬가지였다. 진덕 여왕은 귀족들의 반발을 막으려고 나랏일을 귀족들에게 맡겨 버렸다. 그러자 귀족들의 힘이 커졌고, 왕처럼 행세하며 백성들을 괴롭히기 시작했다.

"이 모든 일이 내가 부족해서 생긴 것 같소. 내가 강한 힘을 가진 왕이었더라면 좋았을 것을……."

나랏일을 걱정하던 진덕 여왕은 큰 병을 얻어서 자리에 앓아눕고 말았다.

"폐하, 그 무슨 말씀이시옵니까? 하루빨리 병을 떨치고 일어나 나랏일을 돌보시옵소서."

김유신의 말에도 진덕 여왕은 고개를 가로저었다. 몸이 쇠약해질 대로 쇠약해져서 더 이상 나랏일을 돌볼 수가 없었다.

"부디 이 나라가 백제와 고구려의 손에 넘어가지 않도록 지켜주시오……."

진덕 여왕은 신라를 다스린 지 10년도 되지 않아서 숨을 거두고 말았다.

여왕의 죽음이 전해지자, 거리 곳곳에서 백성들의 울음소리가 흘러나왔다. 하지만 김유신과 김춘추는 마음 놓고 슬픔에 빠져 있을 수만은 없었다. 여왕의 죽음으로 신라가 더욱 큰 혼란에 빠질 수 있었기 때문이다.

김춘추는 고민 끝에 김유신을 찾아갔다.

"장군께 긴히 상의드릴 일이 있소."

"무슨 일입니까?"

"이제 신라에는 더 이상 왕위를 이을 수 있는 성골이 없소. 그래서 내가 대신 왕위를 이어받으면 어떨까 하오."

"공께서 비록 왕족이긴 하지만 왕위를 물려받을 자격이 없다는 것은 잘 알고 계시지 않습니까?"

"물론 알고 있소. 하지만 나는 왕이 되어서 신라를 안정시키고 싶소."

신라에는 '골품 제도'라는 혈통에 따라서 나눈 신분 제도가 있었다. 성골과 진골이라는 두 개의 골과 6두품부터 1두품에 이르는 여섯 개의 두품으로 총 여덟 개의 신분이었다. 성골은 왕족으로서 왕이 될 수 있는 자격을 가진 최고의 신분이었고, 진골은 왕족이기는 하지만 왕이 될 자격은 없는 신분이었다.

김춘추는 진지왕의 손자로 왕족이었지만, 진지왕이 폐위되면서 성골의 신분을 잃고 진골이 되어서 왕이 될 수 없는 신분이었다. 진골의 신분으로 왕이 되고 싶다고 말하는 것은 아주 위험한 일이었다.

"지금 신라의 귀족들은 다음 왕이 누가 되느냐를 두고 싸우느라 정신이 없소. 나랏일을 돌보아야 할 신하들이 저러니 백성들의 삶이 얼마나 힘들어지겠소?"

김춘추의 말에 김유신은 잠자코 고개를 끄덕이며 생각했다.

'그래, 김춘추 같은 사람이라면 신라를 맡겨도 될 것이다.'

왕위를 물려받을 사람이 없자 신라 귀족들은 급히 화백 회의를 소집했다.

화백 회의는 귀족 대표들이 모여서 왕위 계승 같은 중요한 일을 결정할 때 열렸다. 어떤 일이든 한 사람도 반대하지 않고 찬성해야 결정을 내릴 수 있었다.

　귀족 대표들이 한자리에 모이자 김유신은 김춘추를 다음 왕으로 정하는 것이 어떠냐고 의견을 냈다. 회의장이 순식간에 시끌시끌해졌다.

　"김춘추는 진골입니다. 성골도 아닌데 어떻게 왕이 된다는 말입니까?"

　"비록 진골이라 할지라도 김춘추는 왕의 손자이니 얼마든지 왕위를 이어받을 자격이 있습니다!"

　"어허, 진지왕은 불명예스럽게 폐위된 왕입니다. 그런 왕의 후손이 자격이 있다고요?"

　김유신의 예상대로 화백 회의에 모인 사람들은 김춘추가 왕이 되는 것을 반대했다. 그러자 김유신은 다음 왕으로 누가 되면 좋을지 물었다.

　"차라리 알천에게 다음 왕위를 맡기도록 합시다!"

　"좋은 생각이오! 알천이 가장 적합할 것 같소."

　귀족들은 김춘추 대신 알천에게 신라를 맡기자고 했다. 알천은 오랫동안 벼슬을 한 진골이었다.

　'내가 너희들의 시커먼 속셈을 모를 것 같으냐? 알천을 아무런 힘도 없는 왕으로 세워 놓고 너희 마음대로 나라를 주무르고 싶은 것이겠지.'

　김유신은 회의에 모인 사람들을 노려보며 생각했다. 그들은 진덕 여왕이 나라를 다스리는 동안 권력을 손에 쥐고 왕처럼 군림했다.

그런데 김춘추처럼 왕권을 강하게 세울 수 있는 사람이 왕이 되면 자신들의 힘이 약해지니까 왕이 되는 것을 반대한 것이다.

귀족들의 반대가 계속되자 김유신은 알천을 직접 찾아갔다.

"알천, 직접 말씀해 보세요! 왕이 되고 싶으십니까?"

김유신은 알천에게 다짜고짜 물었다.

알천은 내심 자신이 왕이 되고 싶었다. 하지만 김유신의 표정을 보고 얼른 마음을 바꾸었다.

"아닙니다. 저는 나이가 많아서 이제 더 이상 나랏일을 할 기운이 없습니다. 춘추공이 왕이 되는 것이 좋을 것 같습니다."

김유신은 그제야 굳은 표정을 누그러트렸다.

김유신이 돌아간 뒤 알천의 아들이 아쉽다는 듯 물었다.

"아버님, 어찌하여 왕이 되고 싶다는 뜻을 밝히지 않으셨습니까?"

"이 나라에서 왕만큼 큰 권력을 가진 사람이 있다면 바로 김유신일 것이다. 신라의 모든 병사들이 김유신을 믿고 따르니 누군들 쉽게 그를 거스를 수 있겠느냐."

알천은 김유신 때문에 왕위를 포기했다.

알천에게 직접 대답을 듣고 김유신은 다시 화백 회의를 열었다.

"알천은 왕이 되고 싶지 않다고 뜻을 밝혔소. 그렇다면 이제 누가 왕이 되는 것이 적합하다고 생각하시오? 춘추공 말고 더 적합한 사람이 있소?"

"그것이……."

귀족들은 김춘추를 왕으로 삼는 것에 찬성하지 않을 수 없었다. 김유신의 도움으로 김춘추는 신라의 제29대 왕, 태종 무열왕이 되었다.

"이 모든 것이 장군의 공입니다. 큰 벼슬을 내리니 나를 도와서 나라의 크고 작은 일을 해결하도록 합시다!"

"성은이 망극하옵니다, 폐하!"

그 뒤 김유신의 활약은 대단했다. 신라의 국경을 바람처럼 누비며 적들의 침입을 막았다. 병사들의 사기는 하늘을 찌를 듯 높아졌고 백성들도 김유신을 믿고 따랐다. 하지만 김유신은 마음을 편하게 가질 수 없었다. 백제의 병사들이 신라의 국경 지역을 끊임없이 공격하고, 백성들의 식량을 빼앗아 갔기 때문이다. 백제 병사들의 움직임이 얼마나 재빠른지 김유신은 번번이 그들을 놓쳤다.

김유신은 백제의 병사들을 이끄는 장수가 누구인지 궁금해서 견딜 수가 없었다.

"장군, 북쪽 국경 지역이 또 공격을 당했다고 하옵니다!"

병사가 김유신에게 다급히 소식을 전했다.

"대체 적들을 지휘하는 장수가 누구냐?"

김유신이 굳은 표정으로 물었다.

"계백이라는 장수이옵니다."

"계백!"

김유신은 가잠성 전투를 떠올리며 무릎을 쳤다. 그때 김유신을

좌절하게 한 그 젊고 영특한 장수가 바로 계백이었기 때문이다. 만약 김유신이 계백의 꾀에 걸려서 가잠성에 발이 묶여 있지 않았더라면, 신라가 그렇게 쉽게 대야성을 잃지는 않았을 것이다.

김유신은 계백에 대해서 알고 싶어졌다.

"백제의 상황이 어지러운데도 그 장수는 끝까지 나라를 지키느라 최선을 다하는구나."

당시 백제의 나라 꼴은 엉망이었다. 백제를 다스리는 의자왕이 나랏일은 돌보지 않고 술에 취해서 놀기 바빴기 때문이었다.

의자왕이 처음부터 그랬던 것은 아니었다. 원래 의자왕은 학문이 높고 효성도 지극해서 '해동 증자'라고 불리며 이름이 높았다. 직접 군사를 이끌고 신라를 공격하며 국경을 넓히기도 했다. 그 시기에는 백제의 힘이 막강해서 신라가 쩔쩔맬 수밖에 없었다.

그런 의자왕이 간신들의 꾐에 빠져 놀기 시작하면서 백제의 상황은 어려워지기 시작했다.

"폐하, 부디 나라를 돌보소서!"

"지금 우리가 할 일은 신라를 몰아내고 고구려를 물리치는 것입니다!"

백제의 충신들은 의자왕에게 간곡하게 부탁했지만 소용없는 일이었다. 의자왕은 도리어 바른 말을 하는 충신들을 죽이거나 귀양 보내 버렸다.

"궁궐을 새로 지어라."

"궁녀들을 더 많이 뽑도록 하라."

"악공들은 무엇 하느냐? 음악을 연주하라!"

궁궐에서는 날마다 술 냄새가 진동했고 연주 소리가 끊이지 않았다. 백제의 백성들은 지칠 대로 지쳐서 한숨만 내쉬었다.

이런 상황에도 불구하고 꿋꿋하게 나라를 지키는 계백 장군을 본 김유신은 속으로 몹시 안타까워했다.

'계백 같은 훌륭한 장수가 신라에 있었다면 얼마나 좋았을까! 우리 신라가 단숨에 삼국을 통일하는 것쯤이야 식은 죽 먹기였을 텐데…….'

적국의 장수인 계백을 탐내면서도 김유신은 계백과 제대로 싸워 보고 싶다는 생각이 들었다. 나라를 떠나서 장수 대 장수로서 승부를 내 보고 싶었던 것이다.

신라와 당나라의 연합

"폐하, 힘들어하는 백성들을 보시옵소서!"

백제의 충성스러운 신하인 성충이 의자왕 앞에 머리를 조아리며 말했다.

술에 취한 의자왕은 눈살을 찌푸렸다.

"백성들이야 모두 태평성대이지 않소이까."

"폐하, 백성들은 백제가 언제 망할지 모른다며 불안해하고 있습니다."

"흥, 얼토당토않은 소리!"

"그렇지 않습니다. 신라와 당나라가 연합을 맺었다고 합니다. 그들이 함께 공격해 오기라도 한다면 아무런 대책도 없는 우리는 당하고 말 것입니다! 서둘러 전쟁에 대비해야 합니다."

성충의 말에 의자왕이 버럭 화를 냈다.

"지금 감히 왕인 나를 꾸짖는 것이오?"

"폐하, 그런 것이 아니옵니다. 신라와 당나라의 연합을 깨야 합니다. 또한 전쟁을 준비하지 않는다면 이 나라는 큰 위기에 빠질 것입니다!"

"에잇, 시끄럽소!"

의자왕은 성충을 감옥에 가두라고 명령했다.

성충은 병사들에게 끌려가면서도 계속해서 나라를 돌보아야 한다고 외쳤다. 그 일을 알게 된 신하 홍수가 의자왕에게 성충을 풀어 달라고 청했다. 홍수 역시 성충과 마찬가지로 백성들의 존경을 한 몸에 받고 있는 충신이었다.

"성충은 나라의 큰 어른입니다. 그런 분을 감옥에 가둔다면 백성들이 어떻게 생각하겠습니까!"

"지금 감히 나를 가르치려는 것이오?"

"폐하!"

"저놈도 당장 감옥에 가둬 버려라!"

의자왕은 바른말을 하는 홍수마저 감옥에 가두었다가 먼 곳으로 보내 버렸다.

고구려의 병사들이 쳐들어오든, 신라의 병사들이 쳐들어오든 의자왕은 나랏일에는 관심조차 없었다. 하루가 멀다 하고 잔치를 열며 놀기 바빴다. 나랏일을 돌보지 않는 의자왕에 대한 백제 백성

들의 원망은 하늘을 찌를 듯 높아졌다.

계백은 국경에서 답답한 나라 사정을 걱정하며 한숨을 내쉬고 있었다. 그때 병사들이 성충과 흥수의 소식을 전해 왔다.
"장군, 성충과 흥수 어른께서 감옥에 갇히셨다고 합니다."
계백은 놀라서 두 눈을 크게 치켜떴다.
"뭐라고? 도대체 그분들의 죄가 무엇이란 말이냐?"
"왕의 심기를 어지럽힌 죄라고 하옵니다."
"허허, 참 큰일이로구나. 대체 이 나라의 앞날을 어찌하면 좋단 말인가……."
계백은 직접 의자왕을 만나야겠다고 생각했다. 힘을 모아서 전쟁을 준비해야 한다는 말을 전하고 싶었기 때문이다.
계백이 궁궐로 돌아오자 의자왕은 발칵 화를 내며 소리쳤다.
"국경을 지켜야 할 장수인 네가 궁궐로 온 이유가 무엇이냐! 군사를 일으켜서 나를 이 자리에서 끌어내기라도 할 작정이냐?"
"폐하, 대체 그게 무슨 말씀이십니까?"
"요즘 너를 따르는 장수들이 늘어났다고 들었다. 말해 보아라. 네가 힘을 키워서 나를 공격하려는 것이 아니냐?"
의자왕은 계백을 눈엣가시처럼 여겼다. 강직한 성품으로 장수와 백성들에게 존경받는 계백이 두려웠기 때문이다.
"당장 국경으로 돌아가서 신라 놈들을 막아라!"
"폐하! 저는 드릴 말씀이 있어서 온 것입니다."

"듣기 싫다! 궁녀들은 무엇 하느냐? 어서 술을 가져오너라. 악공들은 당장 음악을 연주하라!"

의자왕은 계백이 말할 기회조차 주지 않았다.

계백은 결국 성충과 흥수를 풀어 달라는 말은 입 밖으로 꺼내지도 못했다. 의자왕의 명령 때문에 내쫓기듯 국경으로 돌아갈 준비를 해야만 했다.

"장군, 정말 이대로 돌아가실 생각이십니까?"

"폐하께서 나의 진심을 몰라주시니 속상하긴 하지만, 어쩔 수 없는 일이다. 국경을 오래 비워 둘 수 없으니 서둘러 돌아가자."

계백의 말에 함께 온 장수들이 억울하다는 듯 말했다.

"이 모든 게 폐하 주변을 에워싸고 있는 간신들 때문입니다. 그들이 장군을 위험한 인물이라고 말하며 폐하와 장군의 사이를 멀어지게 하고 있습니다."

"맞습니다. 간신들이 폐하의 눈과 귀를 가로막고 있으니 이런 일이 벌어진 겁니다!"

"나도 잘 알고 있네……."

계백은 궁궐 쪽을 물끄러미 바라보았다.

'한때는 누구보다 총명하고 훌륭한 왕이셨는데, 어찌하여 저리 되셨단 말인가. 가잠성 전투 때만 하더라도 나는 왕을 위해서 싸울 수 있다는 것만으로도 기뻤는데…….'

계백이 신라군의 발목을 붙잡지 않았더라면 대야성 전투에서 백제의 승리는 장담할 수 없었을 것이다. 하지만 당시 승리한 뒤에도 의자왕은 계백의 공을 크게 인정해 주지 않았다.

"장군께서 없었다면 절대 이길 수 없는 전투였을 것입니다!"

"왕께서는 대야성을 차지할 수 있었던 것이 장군 덕분이라는 걸 잊으셨나 봅니다."

가잠성 전투 뒤 부하 장수들이 투덜거렸지만, 계백은 서운한 내색조차 하지 않았다. 신하로서 왕의 마음을 헤아리고 뜻을 따르는 것이 옳은 일이라고 생각했기 때문이다.

'하지만 이제 더는 왕을 따르는 것이 옳은 일 같지 않구나······.'

계백이 국경으로 돌아가기 위해서 채비를 하고 있을 때였다. 담장너머로 백성들이 수군거리는 소리가 들렸다.

"소문 들었어? 궁궐에서 밤마다 이상한 울음소리가 들리고 있대."

"누가 한밤중에 우는 걸까?"

"사람의 울음소리가 아니래. 홰나무가 사람처럼 꺼이꺼이 우는 거래."

"에이, 설마!"

"진짜야, 궁녀들이 똑똑히 들었다고 하더라고."

"홰나무는 나라가 망할 때에만 우는 요상한 나무라던데? 아아, 이 나라가 정말 망할 모양일세!"

계백은 짐을 꾸리다 말고 말소리가 들리는 곳으로 다가갔다. 백성들은 하나같이 이상한 소문에 대해서 이야기하고 있었다.

"지금 백성들이 하는 이야기가 무엇이냐?"

계백의 물음에 하인이 머리를 조아리며 대답했다.

"요즘 이곳저곳에서 벌어지고 있다는 흉흉한 일에 대한 소문입니다."

"흉흉한 일이라고?"

"우물의 물이 핏빛으로 변해서 궁궐이 발칵 뒤집혔다는 소문도 있고, 파릇파릇하던 나무가 하루아침에 새카맣게 시들어 버렸다는 소문도 있습니다. 또 땅을 파 보니 죽은 고양이 시체가 나왔다는 소문도 나돌더군요."

"어허, 큰일이로구나!"

계백은 백성들의 마음이 흔들릴까 봐 걱정했다. 결국 이런 소문은 곧 백제가 멸망하리라는 것으로 퍼질 게 분명했다.

"백제의 운명이 벼랑 끝에 섰구나."

계백은 주먹을 쥐고 한탄했다.

성충은 감옥에 갇힌 뒤, 물 한 모금 마시지 않고 백제의 앞날을 걱정했다.

"어르신, 이러시다가 큰일 납니다!"

"나라가 엉망이 되어 가는데, 어찌 편히 먹고 잘 수 있겠는가. 음식을 거두시게."

성충은 끝내 음식을 먹지 않고 버티다가 죽음을 예감하고 의자왕에게 마지막으로 편지를 남겼다.

폐하, 저는 죽어도 나라와 백성을 잊지 못합니다. 그래서 죽음을 눈앞에 두고 마지막으로 한 말씀만 드리고자 합니다. 머지않아 전쟁은 반드시 일어날 것입니다. 적이 쳐들어오면 강의 상류에서 맞서 싸워야 합니다. 잊지 마시고 부디 백제를 살펴 주시길 바랍니다.

백성들의 존경을 한 몸에 받았던 성충의 죽음이 알려지자 나라 안은 울음바다가 되었다.
"이제 백제는 끝났어. 더 이상 희망이 없어!"
"맞아, 이 나라는 망하고 말 거야."
백성들의 한탄을 들은 계백은 병사들에게 경비를 더 든든히 서야 한다고 다그쳤다. 나라가 어지러울 때 적이 쳐들어오기라도 하면 큰일이었기 때문이다.
"모두 긴장을 늦추지 마라! 나라를 지키는 일에 빈틈이 있어서는 안 된다!"
계백은 그 어느 때보다 경계를 강화했다. 병사들에게 필요한 무기를 마련하기 위해서 자신의 재산을 내놓기도 했다. 그 모습을 본 장수들은 몹시 안타까워하며 말했다.
"장군께서 나라를 지키기 위해서 저렇게 노력하면 무엇 하나. 왕은 술독에 빠져서 알아주지도 않는데……."
그럴 때마다 계백은 단호하게 말했다.
"누군가 알아주길 바라며 일하려 한다면 그것이 어디 장수로서 책임을 다하는 것이겠느냐. 나는 그저 내가 할 일을 다할 뿐이다."

신라의 태종 무열왕과 김유신은 본격적으로 삼국 통일을 준비하고 있었다. 먼저 나당 연합을 통해 당나라의 군사를 빌려서 백제를 공격하기로 했다. 백제를 무너뜨리려면 반드시 당나라의 군사가 필요하다고 생각했다.

무열왕은 당나라에 사신을 보내어 먼저 백제를 정벌한 뒤, 고구려를 공격하자고 했다.

"당나라군을 끌어들이는 것은 위험한 일입니다!"

"맞습니다. 당나라와 맺은 동맹으로 다른 나라들을 견제할 수 있으니 충분합니다."

다른 신하들이 반대했지만, 무열왕과 김유신은 뜻을 굽히지 않았다. 오래도록 계속된 전쟁을 끝내려면 이 방법밖에 없다고 생각했기 때문이다.

'한 번에 백제에 이어서 고구려까지 무너뜨리면 신라가 삼국 통일을 하게 되는 것이다. 하지만 우리 힘만으로는 할 수 없으니 당나라의 군대가 꼭 필요해!'

김유신은 삼국 통일을 위한 전쟁을 본격적으로 준비했다. 계속되는 신라의 요청에 응한 당나라에서는 소정방이 13만 명의 대군을 이끌고 백제를 향해 오고 있었다.

"우리는 산을 넘어서 백제로 갈 것이다. 그러면 금강에서 당나라 군대가 우리를 기다리고 있을 것이다."

김유신은 장수들에게 작전을 설명했다.

"어마어마한 수의 병사들이 백제를 향해서 쳐들어가는 것이로

군요!"
 "제아무리 강한 백제 군대라고 할지라도 우리를 막아 낼 방법은 없을 것입니다!"
 장수들은 기대에 부풀어서 소리쳤다.
 "이제 드디어 백제를 무너뜨리고 고구려를 칠 때가 온 것이다. 그토록 꿈에 그리던 삼국 통일이 얼마 남지 않았다!"
 김유신의 말에 장수들은 환호성을 터트렸다.
 660년, 김유신이 이끄는 신라군은 백제를 향해서 진격했다.

결연한 결심

나당 연합군이 백제를 무너뜨리기 위해서 오고 있는 순간에도 백제의 의자왕은 잔치를 열고 한가롭게 술을 마시고 있었다. 신하들은 나랏일을 돌보는 대신 자기들끼리 싸우느라 정신이 없었다. 누구도 백성들의 삶이나 나라의 안녕은 생각하지 않았다.

"술을 다 가져오너라!"

"음악 소리가 작구나. 좀 더 크게 연주해라."

그때 한 장수가 허겁지겁 궁궐로 뛰어들어 왔다.

"폐하, 지금 당나라의 군대가 백강까지 들이닥쳤다고 합니다!"

"뭐라고?"

"그 수가 무려 13만 명이나 된다고 합니다!"

"당나라 군대? 그, 그럴 리가 없다! 이미 오래전에 당나라에 사신을 보내어 사이좋게 지내기로 약속을 하지 않았더냐!"

의자왕은 믿을 수 없다는 듯 소리쳤다.

"당나라가 우리를 배신했습니다!"

그때 또 한 명의 장수가 다급히 뛰어들어 왔다.

"폐하, 지금 김유신이 이끄는 신라 군대가 소백산맥을 넘어오고 있습니다!"

"이, 이 일을 어쩌면 좋단 말이냐!"

의자왕은 우왕좌왕했다. 생각하지 못했던 전쟁이 갑자기 벌어지자 눈앞이 캄캄해졌다.

"폐하, 서둘러 피난을 떠나셔야 합니다!"

"맞습니다, 어서 도망치셔야 합니다!"

간신들은 의자왕에게 궁궐을 버리고 도망치자고 했다.

의자왕은 일단 목숨부터 구하고 봐야 한다는 말에 허둥지둥 짐을 꾸리기 시작했다.

"아니 되옵니다, 폐하! 한 나라의 왕이 백성을 버리고 어디로 도망친단 말입니까!"

충신들은 의자왕을 막아서고 어떻게든 힘을 모아서 싸워야 한다고 말했다. 하지만 겁에 질리고 당황한 의자왕은 다른 생각은 하지 못했다.

"어디로 가야 하느냐, 어디로 가야 안전하단 말이냐!"

"폐하, 북쪽으로 가는 것이 어떻겠습니까?"

"그쪽은 고구려와 맞닿은 국경이지 않느냐. 그러다가 고구려에 붙잡히기라도 하면 어쩌라고!"
"그러면 남쪽은 어떻겠습니까?"
"어허, 남쪽 어디로 간단 말이냐!"
"그럼 서쪽은……."
서쪽에서는 이미 당나라 대군이 쳐들어오고 있었고, 동쪽에서는 김유신이 이끄는 신라군이 오고 있었다.
의자왕은 어디로 가야 할지 몰라서 혼란스러워했다.
"예전에 성충이 적이 쳐들어오면 어떻게 하라고 말을 했었는데……. 맞아, 평야에서 싸우면 불리하니 강 상류를 지켜야 한댔어."
의자왕은 그때서야 성충이 한 말이 떠올랐다.
"아, 내가 그때 성충의 말을 들었더라면 이런 꼴은 당하지 않았을 텐데!"
의자왕은 땅을 치며 후회했지만 이미 때는 늦고 말았다.

신라와 당나라의 연합군이 쳐들어오고 있다는 소식은 국경을 지키고 있던 계백에게도 전해졌다. 계백은 드디어 올 것이 오고야 말았다는 표정으로 눈을 꾹 감았다.
"장군, 어찌하면 좋습니까!"
"우리는 짐을 꾸려서 황산벌로 간다."
"황산벌은 신라군이 오고 있다는 길목이 아닙니까? 저희는 겨우

5천 명밖에 안 되는데, 신라의 5만 군대를 무슨 수로 막을 수 있겠습니까?"

장수들은 불가능한 싸움이라며 고개를 저었다. 차라리 의자왕처럼 도망쳤다가 나중에 다시 공격할 기회를 엿보자는 장수도 있었다.

계백은 굳은 표정으로 말했다.

"우리가 잠깐이라도 신라군을 막을 수 있다면, 피난길에 오른 백성들이 더 멀리 도망칠 수 있지 않겠느냐."

"장군!"

"가서 싸워야 한다. 우리가 막지 않으면 누가 저들을 막을 수 있단 말이냐!"

계백은 겨우 5천 명밖에 되지 않는 병사들을 이끌고 황산벌로 향했다.

계백 역시 김유신이 이끌고 오는 5만 명의 병사들과 싸우기에는 턱없이 부족한 병력이라는 것을 잘 알고 있었다. 계백은 이미 황산벌에서 죽을 각오를 하고 말했다.

"중국 월나라의 구천은 겨우 5천 명도 안 되는 병사들로 오나라의 70만 대군을 꺾었다. 우리가 죽을 각오로 최선을 다해서 싸운다면 신라의 5만 대군도 얼마든지 이길 수 있다. 그러니 모두 가족들을 생각하며 끝까지 싸워 주길 바란다!"

계백의 진심 어린 각오에 병사들은 한목소리로 우렁차게 대답했다.

"네, 장군!"

계백은 그런 병사들을 보며 다시 한 번 굳은 의지를 다졌다.

신라의 병사들은 부지런히 진격하고 있었다. 때는 무더운 여름이었지만, 병사들은 지친 내색 하나 없이 부지런히 움직였다.

신라군은 이번만큼은 백제와의 오랜 전쟁을 끝낼 수 있으리라는 확신에 차 있었다.

"장군님, 이제 백제를 무너트리는 것쯤은 식은 죽 먹기 아니겠습니까?"

앞장서 걷던 어린 화랑이 김유신을 향해서 물었다.

"백제에는 뛰어난 계백 장군이 있다. 절대 만만하게 보아서는 안 된다."

"아무리 그래도 5천 명밖에 안 되는 병사들로 무얼 할 수 있겠습니까? 우리 군사의 수는 5만 명인데 말입니다. 이번에는 도무지 질 이유가 없습니다."

김유신은 화랑의 얼굴을 물끄러미 쳐다보다 물었다.

"네 이름이 무엇이냐?"

"품일 장군의 아들인 관창이라 합니다."

"관창아, 전쟁터에서는 단 다섯 명이 백 명을 상대하여 이길 수도 있다."

김유신의 말에 관창은 피식 웃음을 터트렸다. 김유신이 계백을 지나치게 높이 평가한다고 생각했기 때문이다.

"계백이라는 장수가 그 정도로 대단합니까?"

김유신은 진지한 표정으로 말을 이었다.

"내게 아쉬움이 하나 있다면, 계백을 적국의 장수로 만났다는 것이다. 그가 만약 신라에서 태어났더라면, 삼국을 통일하는 일이 훨씬 쉬웠을 것이다."

김유신의 말에 관창은 입술을 잘근 깨물었다.

'계백이 얼마나 대단한지 모르겠지만, 내가 반드시 그 코를 납작하게 해 주고 말겠어. 두고 보라고!'

관창은 자신이 계백의 목을 베고 신라의 승리를 이끌겠다고 다짐했다.

어느덧 신라군은 황산벌에 이르렀다. 황산벌은 고요하기 그지없었다. 김유신은 병사들에게 앞으로 나아가라는 명령을 내리는 대신 가만히 서서 주위를 살피기만 했다.

"장군님, 황산벌에 있다던 백제군이 보이지 않습니다. 겁을 먹고 달아난 게 틀림없습니다."

관창은 큰 목소리로 외치며 자신만만하게 신라군의 맨 앞으로 나섰다.

바로 그때 어디에서인가 화살이 우수수 날아왔다.

"적들이 숨어 있다! 모두 뿔뿔이 흩어져라!"

김유신은 병사들에게 도망치라고 했다. 예상하지 못했던 화살 공격에 겁을 먹은 신라군은 우르르 흩어졌다. 신라군이 정신을 차리고 백제군에게 반격을 하려고 하자 백제군은 마치 연기처럼 사라져 버렸다.

이 모든 것은 계백이 황산벌의 지리적 특성에 대해서 누구보다 잘 알고 있었기에 가능했다. 계백은 5천 명의 백제군을 여러 부대로 나누어 숨어 있게 한 뒤, 적은 수의 병사들만 이끌고 신라군이 오는 길목에 숨어 있다가 공격한 것이다.

"장군님, 왜 많은 병사들을 숨겨 두고 적은 수로만 공격하고 도망친 것입니까?"

한 장수가 궁금해하며 계백에게 물었다.

"우리가 전부 공격한다고 해도 저들보다 숫자가 적은데, 정면으로 맞서 싸우면 무슨 수로 이기겠느냐. 숨었다가 빈틈을 노리는 것이 낫다."

"이 방법이 계속 효과가 있을까요?"

"두고 보아라, 적은 보이지 않는 유령 같은 존재와 싸우게 되면 금세 용기를 잃고 흔들릴 것이다."

계백의 예상대로 숨어 있다가 불시에 공격하고 사라지는 전술에 신라군은 크게 흔들렸다. 황산벌의 지리를 잘 모르는 신라군은 백제의 병사들이 어디에 숨어 있다가 갑자기 공격할지 알 수 없었다.

신라의 병사들은 더 이상 싸우는 것은 무리라며 도망치자는 말까지 할 정도였다. 5천 명의 백제군을 우습게 여기고 손쉽게 승리할 것이라고 자만했던 신라군은 이제 두려움에 떨고 있었다.

"와, 우리가 5만 명이 넘는 신라의 병사들을 상대로 네 번을 싸워서 네 번 모두 이기다니!"

"지금쯤 신라의 병사들이 아주 쩔쩔매고 있겠지?"

백제의 병사들은 신이 나서 소리쳤다. 신라 병사들의 사기는 나날이 떨어지고 있었다.

"백제의 병사들은 5천 명이 아니라 그보다 더 많을지도 몰라!"

"맞아, 우리 몰래 더 많은 병사들을 숨겨 둔 게 틀림없어!"

사그라드는 신라군의 사기를 보며 김유신은 초조해졌다.

"지금쯤 소정방이 이끄는 당나라 군대가 우리를 기다리고 있을 텐데! 고작 여기에서 붙잡혀 있다니……. 대체 이 일을 어쩌면 좋단 말인가!"

하루빨리 당나라 군대와 합세를 해야 할 텐데, 계속 황산벌에서 발목이 붙잡혀 있으니 김유신은 매우 답답했다. 더군다나 5만 명의 군사들로 고작 5천 명의 군사를 어쩌지 못하고 있으니 장군으로서 수치스럽기도 했다.

천하의 김유신이 절절매는 모습을 본 관창은 자신이 신라군의

사기를 높여야겠다고 생각했다.
 '이대로 가다가는 우리 병사들이 모두 겁을 먹고 도망칠지도 몰라!'
 관창은 혼자 말을 타고 백제의 병사들이 있는 곳으로 달려갔다.

황산벌 전투

"간다, 얍!"

관창은 말고삐를 잡고, 있는 힘껏 백제군을 향해서 달려갔다. 그런데 적진을 뚫고 달리던 관창의 눈앞에 무언가 펼쳐졌다. 그물이었다.

그물에 걸린 말은 나동그라졌다. 관창도 땅에 떨어져 뒹굴고 말았다.

"윽!"

관창이 쓰러진 몸을 겨우 일으켜 세우려고 하는데, 목 쪽에 서늘한 기운이 느껴졌다.

"꼼짝 마!"

백제 병사의 창이 관창의 목을 겨누고 있었다.

"넌 누구냐?"

"나는 신라의 화랑 관창이다! 계백의 목을 베러 왔다. 하지만 뜻을 이루지 못하고 이렇게 잡혔으니 나를 죽여도 좋다."

관창은 자신의 신분과 목적을 솔직하게 밝혔다. 적들에게 잡혔으니 화랑답게 떳떳한 죽음을 맞이하겠다고 생각했다.

백제의 병사들은 관창의 몸을 밧줄로 묶은 뒤 어디론가 끌고 갔다.

"장군, 신라의 화랑이 혼자 이곳까지 칼을 휘두르며 왔습니다."

"혼자 왔다고?"

관창을 지켜보던 백제 장수가 관창에게 투구를 벗으라고 명령했다. 관창이 투구를 벗으려 하지 않자, 장수는 억지로 투구를 벗겼다.

"아직 솜털이 보송보송한 것이 애송이로구나. 혼자서 적진을 향해서 뛰어들어 온 용기가 가상해서 돌려보내 주겠다."

"뭐라고? 넌 대체 누구냐!"

관창이 소리치자 장수가 대답했다.

"나는 계백이라고 한다."

"계백!"

관창은 계백을 노려보며 생각에 빠졌다.

'저 사람이 바로 김유신 장군조차 어찌 할 수 없다던 천하의 계백이 아닌가! 아, 내가 저자의 목만 베어 갈 수 있다면 신라군에게

큰 도움이 될 텐데!'

관창이 고민하는 사이, 계백은 어디론가 사라졌다.

"적진으로 쳐들어왔는데도 살아서 돌아가게 되다니, 운 좋은 줄 알아라."

"맞아, 우리 장군님께서 너그러우신 덕분이라는 걸 기억해!"

백제의 병사들은 관창의 손과 발을 묶은 다음 말에 태웠다.

"이랴!"

병사들이 말의 엉덩이를 걷어차자 말은 신라군이 있는 쪽을 향해서 뛰기 시작했다. 관창은 백제군에게 잡혔지만, 계백 덕분에 무사히 신라 진영으로 돌아올 수 있었다. 하지만 관창은 화랑으로서 적군의 자비로 목숨을 건진 것이 견딜 수 없었다.

신라에서는 인재를 선발할 목적으로 청소년들을 뽑아서 수련을 쌓게 했다. 이들을 화랑이라고 했는데, 학문을 익히는 것은 물론 군사 훈련까지 받아서 전쟁터에서도 용맹하게 활약하고 있었다. 화랑에게는 지켜야 할 다섯 가지 규범이 있었는데, 그중에는 싸움에서 물러서지 말아야 한다는 내용이 있었다.

화랑이 되고부터 다섯 가지 규범을 목숨처럼 지켜야 한다고 배운 관창은 자신의 목숨보다 규범을 지키는 것이 중요하다고 생각했다. 막사로 가서 물을 들이마신 관창은 다시 말 위에 올라탔다.

"멈추어라!"

관창을 본 김유신이 명령했다. 하지만 관창은 김유신의 말을 듣지 않고 계속 앞으로 달려갔다.

"신라 화랑의 기상을 보여 주겠다!"

관창은 다시 칼을 휘두르며 혼자 백제 진영으로 갔다. 그러나 이번에도 똑같이 백제군의 손에 붙잡히고 말았다.

관창은 숨을 헐떡이며 백제군을 노려보았다.

"기껏 목숨을 살려 주었더니 왜 다시 돌아온 것이냐?"

계백은 의아한 표정으로 관창을 보았다.

"장군, 이번에는 이 녀석을 그냥 돌려보내서는 안 됩니다. 당장 목을 베어 버리십시오!"

계백도 이번만큼은 관창을 다시 살려 줄 수 없었다. 병사들에게 관창의 목을 베어 신라군에게 되돌려 보내라고 했다.

이윽고 관창이 타고 갔던 말이 신라군의 진영으로 돌아왔다. 관창이 타고 갔던 말을 보고 신라의 병사들이 우르르 막사 밖으로 나왔다. 말 위에는 관창의 시체가 있었다.

병사들은 놀라서 말을 잇지 못했다.

"장군, 적들이 관창의 시체를 돌려보냈습니다."

"뭐라고?"

김유신은 계백이 돌려보낸 관창의 시체를 물끄러미 바라보았다.

'아아, 혼자서 적진으로 뛰어들어 아까운 목숨을 버리다니!'

김유신은 관창의 시체를 바라보며 입술을 잘근 깨물었다. 관창이 죽었다는 소문은 삽시간에 신라군 사이에 퍼져 나갈 게 분명했다. 어린 화랑마저 죽임을 당했다는 소문이 돌면 병사들의 사기가

더욱 떨어질 것이었다.

'이 일을 어쩌면 좋단 말인가…….'

그때 김유신의 머릿속에 아주 좋은 계책 하나가 떠올랐다.

"병사들에게 관창의 죽음에 대해 알리도록 하여라."

"예?"

"어린 화랑이 적을 무찌르려고 혼자 뛰어들었다가 무참히 죽임을 당하였다고 알려라. 최선을 다해 싸웠지만, 적들의 기세가 너무 세고 거칠어서 어쩔 수 없이 죽임을 당했다고 해라."

"하지만 관창은 제대로 싸워 보지도 못하고 죽은 것이 아닙니까?"

"사실만을 그대로 전하면 병사들의 사기가 떨어질 것이다. 하지만 내가 말한 대로 전하면 관창은 영웅이 되고, 우리 군도 힘을 내게 될 것이다."

김유신은 관창처럼 어린 화랑도 목숨을 걸고 싸웠다는 것을 알게 되면 신라군의 사기가 높아질 것이라고 생각했다.

김유신의 예상대로 관창의 이야기를 들은 신라군이 술렁거리기 시작했다.

"병사들은 들어라! 관창은 자신의 목숨을 던져서 우리에게 용기를 심어 준 것이다! 모두 힘을 합해 백제군과 맞서 싸우자!"

김유신의 말은 의기소침해 있던 신라의 병사들을 하나로 똘똘 뭉치게 해 주었다.

"와, 우리 모두 힘을 합해서 싸우자!"

"꼭 이기자!"

움츠려 있던 신라의 병사들이 새로운 마음가짐으로 싸우기 시작했다.

5만 명이나 되는 신라군이 죽을 각오로 덤비자, 수가 적은 백제군은 당해 낼 수 없었다. 시간이 지날수록 싸움은 신라군에게 유리해졌다.

"포기하지 마라!"

"우리는 끝까지 싸워야 한다!"

계백은 병사들의 힘을 북돋워 주려고 노력했다. 비록 숫자는 적었지만, 5천 명의 백제 병사들은 끝까지 목숨을 걸고 싸웠다.

"윽!"

계백은 밀려오는 신라군과 맞서 싸우다가 화살을 맞고 쓰러졌다. 그 모습을 본 백제의 병사들이 놀라서 뛰어왔다.

"장군, 괜찮으십니까?"

"나는 괜찮다. 어서 가서 다른 병사들을 도와주거라."

"하지만 장군께서 부상을 당하셨는데……."

"내 걱정은 하지 말고 나아가 싸우도록 해라. 끝까지 싸워라. 너희가 마지막까지 백제를 지켜야 한다."

계백은 병사들에게 끝까지 신라의 병사들과 맞서 싸우라고 말했다. 그리고 마지막 숨을 토해 내고 전쟁터 한가운데에서 조용히 숨을 거두었다.

이끌어 주던 계백이 죽자, 백제의 병사들은 차례로 무너지고 말

았다. 신라의 병사들은 계백의 시신을 찾아서 높이 들었다. 적의 장수가 죽었다는 것을 알려서 신라군의 사기를 드높이려 했던 것이다.

"장군, 병사들이 계백의 시신을 발견했다고 합니다."

"그래, 계백이 죽었구나……."

소식을 들은 김유신은 안타까운 표정을 지었다.

"적의 장수가 죽었는데 기쁘지 않으십니까?"

장수들이 의아해하며 물었다.

"적을 이긴 것은 기쁘지만, 훌륭한 장수 한 사람을 잃은 것은 슬픈 일이다."

김유신은 계백의 시신을 양지바른 곳에 묻어 주라고 명했다. 치열한 전투였던 황산벌 전투는 이렇게 끝났다.

"이제 백제의 수도 사비성으로 간다!"

김유신은 병사들을 이끌고 사비성을 향해서 진군했다. 계백을 꺾은 신라군의 기세는 하늘을 찌를 듯 드높았다.

김유신이 이끄는 신라군은 먼저 도착해서 기다리고 있던 당나라의 군대와 합세했다.

"김유신 장군, 먼 길 오느라 수고가 많았소."

"늦어서 죄송합니다. 황산벌에서의 전투가 예상보다 훨씬 길어졌습니다."

신라와 당나라의 군대는 힘을 합쳐서 사비성을 공격하기 시작했다.

"병사들은 들어라, 이제 우리가 백제를 무너트릴 때가 왔다. 우리가 백제와의 전쟁 때문에 얼마나 많은 것을 잃었는지 생각해 보아라!"

"아아!"

"오늘 우리가 승리한다면, 앞으로 우리의 후손들은 더 이상 고통스러운 전쟁을 하지 않아도 될 것이다."

"아아!"

병사들은 우레와 같은 함성을 지르며 돌격했다.

결국 사비성은 나당 연합군에 의해서 함락되고 말았다.

마침내 이룬 꿈

"지금 의자왕은 어디에 있다고 하더냐?"
김유신이 병사에게 물었다.
"사비성에서 탈출해서 웅진 쪽으로 간 것까지는 확인했는데, 그 뒤의 행방은 아직 확실히 모르겠습니다."
김유신이 지도를 물끄러미 바라보았다.
"만약 의자왕이 웅진을 빠져나가서 임존성으로 간다면 그곳에서 병사들을 정비하여 다시 공격해 올 수도 있다. 그러니 의자왕이 절대 임존성으로 가지 못하게 막아야 한다."
김유신은 의자왕이 벌써 임존성으로 도망친 게 아닐까 조마조마했다. 바로 그때 병사 하나가 헐레벌떡 뛰어들어 왔다.

"장군, 의자왕이 임존성에 있다고 합니다."

"벌써?"

김유신이 깜짝 놀라서 물었다.

"예, 의자왕이 몇몇 신하들과 함께 임존성으로 갔다고 합니다."

"백성들을 버리고 혼자 살겠다고 떠난 모양입니다."

장수들은 서둘러 임존성으로 가자며 칼을 움켜쥐었다. 김유신도 고민하다가 임존성으로 떠날 채비를 했다.

그때 누군가 김유신을 만나고 싶다며 찾아왔다. 예식진이라는 백제의 벼슬아치였다.

"대체 예식진이 누구인데 적의 장수인 나를 만나겠다고 하는 것이냐?"

"잘 모르겠습니다만, 자신이 의자왕을 모시고 도망쳤다고 합니다."

김유신은 의아한 마음으로 예식진을 만났다. 예식진은 아무도 모르게 할 말이 있다며 귓속말을 했다.

"장군, 사실 의자왕은 웅진성에 숨어 있습니다."

의자왕은 적군의 눈을 속이기 위해서 임존성으로 떠났다고 거짓 소문을 냈던 것이다. 예식진은 의자왕의 상황에 대해서 낱낱이 말하고 자신의 목숨을 살려 달라고 부탁했다.

"좋다, 목숨만은 살려 주겠다."

김유신은 의자왕이 웅진성에 숨어 있다는 사실을 태종 무열왕에게 알렸다. 그 소식을 들은 무열왕은 직접 웅진성으로 갔다.

"백제의 왕은 당장 나와 신라의 왕을 맞으시오!"

천둥 같은 고함 소리에 놀란 의자왕은 당황해서 허둥거렸다. 무열왕은 병사들을 시켜 의자왕을 성 밖으로 끌고 나오게 했다.

의자왕은 신하인 예식진이 자신을 배신한 사실을 알고 충격을 받은 모습이었다.

"이제 백제의 패배를 인정하겠소? 자, 내게 술을 한 잔 올려 보시오."

무열왕은 의자왕에게 술을 따르라고 말했다.

한 나라의 왕이 다른 나라의 왕에게 술을 따른다는 것은 생각할 수조차 없을 정도로 치욕스러운 일이었다. 하지만 모든 것을 잃은 의자왕은 묵묵히 술을 따랐다. 무열왕은 의자왕의 모습을 바라보며 눈살을 찌푸렸다.

"정말 쉽게 패배를 인정하는군. 아니면 목숨만은 살려 달라는 것인가?"

무열왕은 불같이 호령했다.

"여봐라, 당장 이자를 감옥에 가두어라. 백제 왕족들은 당나라의 노예로 보내고, 백제의 백성들은 신라의 노예로 끌고 가겠다."

신라의 병사들이 고개를 숙이며 대답했다.

"예, 폐하!"

의자왕은 신라 병사들의 손에 끌려가 감옥에 갇히게 되었다.

"아아, 내가 백제 700여 년의 역사를 이렇게 망쳐 놓고 말았구나……."

의자왕은 눈을 감고 한탄했다. 눈에서는 끊이지 않고 굵은 눈물이 흘러내렸다.

김유신은 의자왕을 보며 씁쓸한 목소리로 말했다.

"이제 와서 후회해 봤자 소용없는 일입니다. 백제에는 충성스러운 신하들과 실력 있는 장수들이 있었지만, 그들을 멀리하고 노는 일에만 정신이 팔려 있지 않았습니까? 이제 그 대가를 받는 것입니다."

김유신의 말에 의자왕은 힘없이 고개를 끄덕였다.

"맞소, 모든 것이 다 내 탓이오. 백제의 끝이 이렇듯 허무하다니……."

의자왕의 눈물과 함께 백제는 역사 속으로 사라졌다.

김유신은 백제를 무너뜨린 것에 그치지 않고, 당나라 군사와 함께 고구려를 공격했다. 연개소문이 지키고 있던 고구려는 강했지만, 계속되는 전쟁으로 힘이 약해져 있었다. 또한 연개소문이 죽자 권력을 차지하기 위해서 연개소문의 형제와 아들들이 싸우기 시작하면서 고구려는 분열되었다. 이 틈을 타서 나당 연합군은 고구려까지 무너뜨릴 수 있었다.

길고 긴 전쟁 끝에 신라는 드디어 삼국을 통일했다.

'아! 드디어 꿈을 이루었구나.'

김유신은 생각에 잠긴 표정으로 지난 세월을 돌아보았다. 한평생 삼국 통일을 외치며 전쟁터를 누비다, 드디어 꿈을 이룬 것이다.

어느새 김유신의 나이는 일흔을 훌쩍 넘어 있었다.

김유신은 전쟁을 하며 잃은 부하와 친구들을 떠올렸다. 이상하게도 적이었던 계백이 오래오래 머릿속에 머물렀다.

'계백, 훗날 저승에서 만납시다. 그때에는 지난날은 잊고 친구로 지냅시다.'

김유신은 따뜻한 미소를 띠고 천천히 걸어갔다.